Couvertures supérieure et inférieure
manquantes

ÉTUDE

SUR LA

NEUTRALITÉ DE LA SAVOIE

PAR

Léon BASSEREAU

AVOCAT

Membre de la Société de Géographie de Paris

PARIS

LIBRAIRIE SANDOZ ET THUILLIER

PAUL ROBERT, Successeur

4, Rue de Tournon, 4

GENÈVE ET NEUCHATEL

LIBRAIRIE GÉNÉRALE

GENÈVE. — IMPRIMERIE JULES CAREY, 3, VIEUX-COLLÈGE.

ÉTUDE

SUR LA

NEUTRALITÉ DE LA SAVOIE

La partie septentrionale du duché de Savoie comprenant le Chablais, le Faucigny, le Genevois et quelques portions du département actuel de la Savoie fut neutralisée en 1815. La neutralité du Chablais, du Faucigny et du cours supérieur de l'Arly est reconnue par l'article 92 de l'acte final du congrès de Vienne, celle du Genevois et de quelques régions voisines résulte de l'article 3 du traité de paix signé à Paris le 20 Novembre 1815.

Depuis lors, ce duché a été réuni au territoire français ; mais le roi de Sardaigne ayant eu soin, dans la traité du 24 Mars 1860 par lequel il transmettait à la France tous ses droits sur la Savoie, de déclarer qu'il ne pouvait transférer les parties neutralisées qu'aux conditions auxquelles il les possedait lui même, la situation de ces provinces n'a subi aucune modification par suite du changement de souveraineté.

Au commencement de l'automne de 1883 l'armée française exécuta des manœuvres dans la zone neutralisée et non loin des frontières de la Suisse; je ne sais quelle impression ces mouvements inoffensifs de troupes produisirent, mais les habitants de Genève crurent devoir attirer l'attention de la Confédération sur les droits d'occupation militaire qui appartenaient à la France dans le Chablais, le Faucigny et les territoires voisins que les actes de 1815 avaient placés en dehors des luttes de l'Europe, en les appelant à bénéficier de la neutralité perpétuelle de la Suisse.

Bientôt on dut reconnaitre que durant la paix le gouvernement français avait le droit de placer des garnisons dans la Savoie du Nord et, par conséquent, d'y faire exécuter des manœuvres, les traités ne permettaient aucune discussion sérieuse sur ce point.

Mais, en temps de guerre, la France devrait elle nécessairement retirer ses troupes des provinces neutres ?

Les esprits se sont divisés sur cette question.

Enfin le gouvernement français a-t-il le droit d'élever des fortifications sur le territoire neutralisé ?

On lui a dénié ce droit, et on l'a accusé d'avoir violé les traités de 1815 en faisant exécuter des déboisements et quelques terrassements sur la montagne du Vuache, travaux préparatoires à une fortification qui compléterait la défense du défilé du fort de l'Ecluse.

Il s'ensuivit une vive polémique entre la presse

Suisse et la presse française. Pour moi, je vais examiner ces diverses questions, en étudiant dans leur ordre chronologique les actes diplomatiques qui ont établi la neutralité de la Savoie; de la succession de ces actes, des conditions dans lesquelles ils ont pris naissance, j'espère faire ressortir la solution du différend qui a un moment divisé deux peuples amis.

I.

Après les terribles revers qui amenèrent l'abdication de Napoléon, le nouveau roi Louis XVIII, dut signer le traité du 30 Mai 1814 qui ramenait la France à ses frontières de 1792, légèrement élargies. Parmi les accroissements figuraient Chambéry et Annecy avec la partie occidentale de la Savoie. Le reste de cette province fut rendu à son ancien souverain le roi de Sardaigne, à qui l'on promettait comme compensation du territoire qu'il perdait en Savoie, les pays qui avaient composé l'ancienne république de Gênes. Les dispositions du traité de 1814 devaient être complétées dans un congrès entre les puissances qui avaient pris part à la guerre et qui s'engageaient à envoyer, à cet effet, des représentants à Vienne dans le délai de deux mois.

La reconstitution géographique des états de l'Europe devait être la principale préoccupation du Congrès de Vienne, qui malheureusement disposa des territoires abandonnés par la France, en se laissant guider par des considérations de nécessités politiques plus souvent que par les principes du droit des gens. Son œuvre a été fort critiquée; cependant si, au cours des débats, on vit plus d'une fois, les grandes puissances mettre en avant des prétentions qui ne leur étaient suggérées que par leur ambition et leur intérêt personnel, les plénipotentiaires n'eurent garde d'oublier qu'une paix durable, à laquelle aspiraient les peuples fatigués par plus de vingt années de luttes, ne pouvait être assurée à l'Europe que par l'établissement d'un nouvel équilibre politique.

Le Congrès eut bientôt à s'occuper des affaires de la Suisse dont l'avenir intéressait personnellement les grandes puissances; elles avaient résolu de faire de ce pays montagneux un territoire neutre qui servirait do bouclier contre la France aux états du centre de l'Europe. Mais pour faire une œuvre durable, il fallait apaiser les dissensions intestines qu'avait suspendues l'acte de médiation de 1803 et qui avaient recommencé avec une nouvelle ardeur à la chûte du premier empire; il fallait préparer un accord entre les cantons.

Ces intentions bienveillantes se traduisirent par: *La déclaration des puissances rassemblées au congrès de Vienne en date du 20 Mars 1815.* Cet acte consacrait la réunion au corps helvétique de trois nouveaux cantons, le Valais, la république de Genève, la principauté de Neuchâtel; il divisait les possessions de l'ancien évêché de Bâle entre les cantons voisins, proposait une transaction pour mettre fin aux contestations financières pendantes entre les Confédérés et contenait une invitation pressante aux cantons d'adhérer au pacte fédéral librement arrêté par la grande majorité de leurs co-états. La déclaration ajoutait : « Les puissances intervenantes interposeront « de plus leurs bons offices pour faire obtenir à la « ville de Genève un arrondissement convenable du « côté de Savoie. » En terminant, les alliés promettaient, dès que la diète helvétique aurait donné son accession aux stipulations renfermées dans la présente transaction, faire un acte portant la reconnaissance et la garantie de la part de toutes les puissances, de la neutralité perpétuelle de la Suisse dans ses nouvelles frontières.

Déjà des pourparlers avaient été engagés avec la cour de Sardaigne pour obtenir en faveur de Genève l'agrandissement dont nous venons de parler, car dès le 26 Mars, le marquis de Saint-Marsan, plénipotentiaire du roi Victor-Emmanuel Ier, remettait au congrès un mémoire contenant la réponse de son souverain. Le roi était disposé à faire la cession de territoire que ses alliés lui demandaient, mais il mettait à son consentement plusieurs conditions dont la première, évidemment la plus importante, était : « Que les « provinces de Chablais et de Faucigny, ainsi que « tout le territoire situé au nord d'Ugine et appartenant « à S. M. soient compris dans la neutralité helvétique « garantie par toutes les puissances, c'est à dire, que

« toutes les fois, que les puissances voisines de la
« Suisse se trouveront en état d'hostilités, ou com-
« mencées ou imminentes, les troupes de S. M. le roi
« de Sardaigne qui se trouveraient dans ces provinces,
« puissent se retirer et prendre à cet effet, s'il est
« besoin, la route du Valais ; que les troupes armées
« d'aucune puissance ne pourront ni séjourner, ni
« passer dans les provinces ci-dessus, à l'exception
« de celles que la Confédération helvétique jugerait
« à propos d'y placer. Il est entendu que ces rapports
« ne gêneront en aucune manière l'administration de
« ces provinces, dans lesquelles les officiers civils de
« S. M. pourront employer la garde municipale au
« maintien du bon ordre. »

En second lieu, le mémoire stipulait que les
marchandises venant du Piémont par la route du
Simplon, pourraient traverser le Valais et le canton
de Genève sans être astreintes à aucun droit de
transit.

Troisième condition. Les fiefs impériaux qui avaient
été incorporés à la république Ligurienne seraient
réunis aux Etats de Sardaigne.

Quatrième condition. Les trois arrangements dont
il vient d'être question feraient partie des résolutions
du Congrès de Vienne et seraient garantis par toutes
les puissances.

En dernier lieu le roi exigeait des souverains
alliés l'engagement d'interposer leur médiation pour
obtenir que la France restituât à la Sardaigne au moins

une partie du territoire qu'elle possédait alors en Savoie; savoir: la chaîne de montagnes, dite Les Beauges, la ville d'Annecy et la grande route qui conduit de cette ville à Genève, car toute cette région était nécessaire à la monarchie Sarde pour compléter le système de défense des Alpes et pour faciliter son administration.

Voici donc l'idée de la neutralisation du nord de la Savoie qui apparaît pour la première fois devant le congrès de Vienne, non pas sous le patronage de la Confédération helvétique qui trouverait dans cette mesure un complément de protection pour ses frontières, mais mise en avant par le plénipotentiaire sarde qui fait de cette neutralisation la première condition de la cession, que l'Europe et la Suisse lui demandent.

Cette condition ne doit pas nous surprendre, la configuration géographique des états du roi de Sardaigne explique assez l'intérêt que la neutralité du Chablais et du Faucigny peut avoir pour lui: du lac de Genève à la Méditerranée il a pour voisine immédiate la France, et l'histoire témoigne que cette voisine n'a pas toujours été pacifique; fort heureusement pour lui, sur une grande partie de cette frontière, depuis l'arrondissement de Nice jusqu'à la limite méridionale de la Maurienne, se dresse la crête médiane des Alpes, haute barrière percée seulement de quelques brèches faciles à défendre. La Savoie au contraire, placée sur le versant français des Alpes est bien fortifiée du coté de l'Italie avec laquelle elle ne communique que par la route du petit Saint-Bernard et par celle du Mont-Cenis, mais elle s'ouvre du côté de la France vers laquelle elle déverse ses eaux, car, au point de vue géographique elle appartient au bassin du Rhône.

Il y a cependant, dans la Savoie deux parties bien distinctes; d'une part la région du nord et de l'ouest limitée par le Rhône, vers lequel les montagnes s'abaissent et s'entrouvrent pour livrer passage à de petits affluents; d'autre part, la région du sud, comprenant tout le bassin supérieur de l'Isère, protégée, sauf sur un point faible, par de hautes montagnes et où une armée française ne pouvait facilement pénétrer que par la Combe de Savoie où coule l'Isère avant d'entrer en France.

Le but du roi de Sardaigne s'aperçoit dès lors clairement : il désire s'assurer la possession paisible de la Savoie du nord, la plus éloignée du centre de ses états, avec laquelle il communique difficilement, enfin la moins aisée à défendre, mais il veut conserver libre le cours supérieur de l'Isère, fortifié par la nature, et d'où il pourra au besoin descendre sur le territoire français. Pour réaliser ce dessein, il sollicite la neutralisation du Chablais et du Faucigny, dont il n'aura plus à s'occuper en temps de guerre, puis pour mieux protéger la région du sud qui va rester libre, il demande d'abord la neutralisation de tout le territoire, qui lui appartient au nord d'Ugine, c'est-à-dire du cours supérieur de l'Arly affluent de l'Isère, et dont la rive droite est le point faible de l'enceinte de la Savoie méridionale; en outre, il réclame les bons offices des puissances pour obtenir de la France la rétrocession en sa faveur, de la portion de la Savoie, qu'elle avait gardée en vertu du traité du 30 Mai 1814, et surtout la rétrocession des Beauges, haut plateau entouré de rochers escarpés, qui couvre la rive droite de l'Isère d'Albertville à Montmelian.

Cette première condition, sur laquelle je viens de m'étendre est suivie de deux autres qui sont étrangères au sujet, qui nous occupe.

Puis le mémoire ajoute: « Ces conditions feront « partie des résolutions du congrès et seront garanties par toutes les puissances. » Cette dernière clause avait pour la Sardaigne la plus grande importance, car la déclaration de neutralité tirait toute son efficacité de la garantie de l'Europe; et comme si l'engagement solennel des alliés ne suffisait pas à Victor-Emmanuel Ier, il a fait insérer dans le texte de la première condition : que les provinces de Chablais et de Faucigny, ainsi que le territoire situé au nord d'Ugine « seraient compris dans la neutralité helvé- « tique, garantie par toutes les puissances » Le roi de Sardaigne ne se contente pas de la garantie des alliés, il veut assurer la réalisation éventuelle de leur engagement en rendant la neutralité de la Savoie solidaire de celle de la Suisse qui intéresse directement les

états de l'Europe centrale et à laquelle ils ne laisseront
pas porter atteinte.

Le 29 Mars, trois jours après avoir reçu la communication de M. de Saint-Marsan, le congrès rédigea
un protocole qui contenait les conventions relatives à
la cession faite par la Sardaigne en faveur du canton
de Genève. La concession comprenait un territoire
limité par l'Arve, le Rhône, la Savoie française et le
Salève jusqu'à Veiry, plus une autre portion com-
prise entre la grande route du Simplon, le lac et le
territoire actuel du canton de Genève, depuis Vézenas
jusqu'au point où la rivière l'Hermance traverse la
susdite route, et de la continuant le cours de cette
rivière jusqu'à son embouchure dans le lac de Genève.
Ces limites ont été précisées et modifiées par les traités du 16 Mars et du 15 Juin 1816. Le protocole
accordait en outre aux Genevois une franchise de
passage vers le Valais par la route du Simplon et des
facilités de communications avec le mandement de
Jussy.

A ces avantages faisaient suite quelques clauses
destinées à protéger les habitants des territoires cédés.
Elles stipulaient pour eux le maintien, dans son état
actuel, du culte catholique à la charge de l'Etat et la
continuation de l'enseignement catholique; les communes et les établissements religieux conserveraient
leurs biens; les nouveaux citoyens devaient être assi-
milés complétement aux genevois de la ville pour la
jouissance des droits civils et politiques et ils auraient

certains privilèges dans la composition des corps municipaux. Le gouvernement devait pourvoir aux frais de l'église catholique de Genève. Le roi de Sardaigne se réservait de porter à la connaissance de la diète helvétique et d'appuyer par le canal de ses agents diplomatiques auprès d'elle, toute réclamation à laquelle l'inexécution de ces engagements pourrait donner lieu, et il promettait de prendre des arrangements pour faciliter la sortie de ses Etats des denrées destinées à l'alimentation de Genève et du canton.

Ce protocole qui fut annexé à l'acte final du congrès de Vienne et auquel la Suisse accéda le 12 Août 1815, était destiné à constater les obligations qui naissaient entre la Sardaigne et Genève ; la Sardaigne faisait des cessions, mais elle exigeait des garanties en faveur de ceux de ses sujets qui allaient entrer dans l'association genevoise ; quant aux conditions insérées au mémoire du 26 Mars et qui constituaient le prix du sacrifice fait par Victor-Emmanuel, il n'en était pas question, ces conditions étant à la charge des alliés et non du canton de Genève.

Entre temps une note fut remise à la diète helvétique le 31 Mars par les ministres d'Autriche, d'Espagne, de France, de Portugal et de Russie, résidant à Zurich ; les puissances y insistaient sur leur déclaration du 20 Mars et demandaient aux Cantons de prendre, dans le plus bref délai, des résolutions qui permissent à la diète d'accéder à cette déclaration.

Les bases de l'organisation de la Suisse étant posées,

le congrès s'occupa de la Sardaigne; de ses délibérations sortit le traité de Vienne du 20 Mai 1815.

En principe le royaume de Sardaigne reprenait les frontières qu'il avait au 1er Janvier 1792, sauf deux retranchements : l'un provenant du traité du 30 Mai 1814, qui avait laissé une portion de la Savoie à la France, l'autre résultant de la cession faite au canton de Genève. Les conventions relatives à cette dernière cession sont renfermées dans l'annexe *BB* du traité; nous y retrouvons le protocole du 29 Mars auquel on a ajouté la concession d'une franchise de transit à travers le Valais et Genève pour les marchandises venant d'Italie par la route du Simplon. C'était la seconde condition, inscrite dans le mémoire du marquis de Saint-Marsan.

D'autre part, la Sardaigne recevait deux augmentations : en premier lieu les Etats de l'ancienne république de Gênes, en second lieu les pays appelés fiefs impériaux, qui avaient été réunis à la ci-devant république ligurienne. Cette dernière annexion était la troisième condition du mémoire du marquis de Saint-Marsan.

L'article 6 du traité, que nous examinons est très-important, il réserve, sans aucune restriction à S. M. Sarde le droit de fortifier, tel point de ses Etats, qu'elle jugera convenable.

La neutralisation du Chablais, du Faucigny et du territoire au nord d'Ugine, comme devant faire partie de la neutralité de la Suisse et constituant la première des conditions inscrites dans le mémoire du marquis de Saint-Marsan se trouva réalisée par l'article 8 de notre traité. « En conséquence, toutes les fois, que les « puissances voisines de la Suissse se trouveront en « état d'hostilités ouvertes ou imminentes, les troupes « de S. M. le roi de Sardaigne, qui pourraient se trou- « ver dans ces provinces, se retireront et pourront, à « cet effet, passer par le Valais, si cela devient néces- « saire; aucunes autres troupes armées d'aucune autre « puissance ne pourront traverser, ni stationner dans « les provinces et territoires susdits, sauf celles que la « Confédération suisse jugerait à propos d'y placer; « bien entendu que cet état de choses ne gêne « en rien l'administration de ce pays, oʼ: les agents « civils de S. M. le roi de Sardaigne pourront aussi « employer la garde municipale pour le maintien « du bon ordre. » Cette fin de l'article 8, qui reproduit l'article premier, déjà cité du mémoire sarde en a cependant modifié quelques expressions; le retrait des troupes du roi en cas de guerre est présenté ici comme obligatoire, le mémoire semblait faire de ce retrait une simple faculté.

La quatrième condition du mémoire du marquis de Saint-Marsan a passé dans l'article 9, qui promet, que le présent traité fera partie des stipulations définitives du congrès de Vienne.

En ce qui concerne la dernière clause du mémoire que j'ai tant de fois cité, dans laquelle on demandait aux souverains alliés qu'ils s'engageassent à employer

leur médiation pour obtenir de la France la rétrocession de la partie de la Savoie qu'elle possédait
encore, s'il n'en est pas question ici, c'est qu'on était
alors dans la période des cent jours; le désir de
Victor-Emmanuel Ier ne pouvait recevoir satisfaction,
qu'au cas ou les alliés verraient se terminer en leur
faveur la nouvelle lutte engagée contre Napo'éon.

Pendant ces négociations, les autorités souveraines
des cantons ayant statué sur les propositions des
puissances avaient fait connaître leurs réponses à la
diète helvétique, qui, munie des pouvoirs suffisants,
put accéder le 27 Mai à la déclaration du 29 Mars
précédent. La diète saisit cette occasion pour exprimer
la reconnaissance de toute la Suisse, envers les hautes puissances, qui ont donné une meilleure limitation
à son territoire, ont réuni Genève, le Valais et la
principauté de Neufchâtel à la Confédération, qui
promettent enfin de reconnaître et de garantir la
neutralité perpétuelle de la Suisse. Il n'est pas fait
mention de la neutralité du nord de la Savoie, que la
diète ne considérait pas comme un avantage en sa
faveur.

Le congrès prit fin le 9 Juin 1815, après la signa-
ture du célèbre acte final, qui résuma ses travaux;
si nous jetons les yeux sur cette dernière œuvre, nous
y trouverons la confirmation des actes que nous avons
déjà examinés. Les accords relatifs à la Suisse sont
développés depuis l'article 74, jusqu'à l'article 84;
aucun ne s'occupe de la neutralité de la Savoie. Avec

l'article 85 on passe aux décisions qui concernent la Sardaigne ; nous ne trouvons encore que des dispositions déjà connues. Notons l'article 90, qui reconnaît sans réserve au roi de Sardaigne le droit de fortifier telle partie de ses Etats, qu'il lui plaira, et aussi l'article 92, qui confirme la neutralité du nord de la Savoie dans les termes du traité du 20 Mai 1815.

Quelques jours après la clôture des séances du congrès de Vienne, Napoléon perdit la bataille de Waterloo, les alliés envahirent pour la seconde fois la France, et Louis XVIII remonta sur le trône en subissant des conditions beaucoup plus dures que celles du traité de paix de 1814. C'est dans ces circonstances que le 19 Septembre 1815, il consentit à rendre à la Sardaigne la partie de la Savoie, qui était encore française.

Quelques questions relatives au canton de Genève et à la Savoie furent tranchées dans le protocole du 3 Novembre entre les plénipotentiaires d'Autriche, de la Grande-Bretagne, de Prusse et de Russie ; une bande de terrain, prise sur le pays de Gex et longeant le lac, devait être cédée aux Genevois, mis ainsi en communication immédiate avec les autres cantons ; la rétrocession par la France des arrondissements de Chambéry et d'Annecy était reconnue et l'on décidait que la neutralité de la Suisse serait étendue au pays qui se trouve au nord d'une ligne à tirer depuis Ugine, jusqu'au lac de Bourget et au Rhône, la commune de Saint-Julien serait remise au canton de

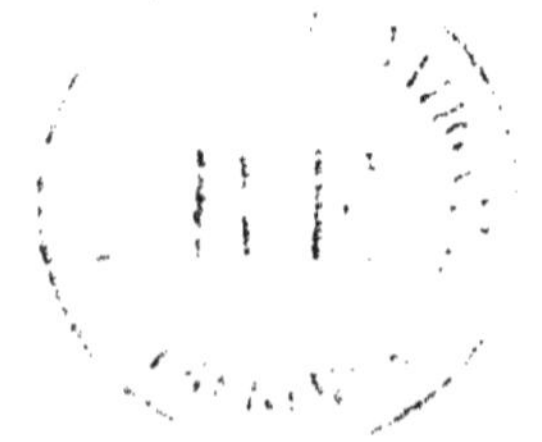

Genève et les cabinets emploieraient leurs bons offices auprès de sa majesté Sarde pour désenclaver le mandement de Jussy au moyen d'un échange de territoire et aussi pour faire éloigner des frontières genevoises les douanes de Savoie.

Ces accords préliminaires furent confirmés par le traité de paix, signé à Paris le 20 Novembre 1815. La France céda à Genève Versoix et une bande du pays de Gex avoisinant le Léman, et de là à la Méditerranée elle dut rentrer dans ses frontières de 1790, abandonnant toute la Savoie. Dans cette province, la neutralité de a Suisse fut étendue « au territoire qui « se trouve au nord d'une ligne à tirer depuis Ugine « y compris cette ville, au midi du lac d'Annecy, par « Faverge, jusqu'à Lécheraine, et de là au lac de Bour- « get, jusqu'au Rhône de la même manière, qu'elle à « été étendue aux provinces de Chablais et de Faucigny « par l'article 92 de l'acte final du congrès de Vienne ». Telle est la disposition de l'article 3 du traité de paix. N'est-il pas évident, qu'en faisant donner cette extension à la zone neutre, Victor-Emmanuel donnait suite à l'idée, qui l'avait porté à faire neutraliser le Chablais et le Faucigny, et que cette mesure n'améliorait nullement la ligne de défense de la Suisse.

La tranquillité étant assurée et les remaniements territoriaux ayant pris fin, les représentants des puissances à Paris, le même jour ou ils signaient le traité de paix, dressèrent une déclaration solennelle par laquelle ils reconnaissaient et garantissaient dans l'intérêt de l'Europe entière la neutralité perpétuelle de la Suisse, et celle de la Savoie, telles qu'elles résultaient de l'acte du congrès de Vienne et du traité de paix de ce jour.

Le représentant des alliés fit à Chambéry le 15 Décembre suivant, remise des circonscriptions de Chambéry et d'Annecy, dont on excepta la commune de Saint-Julien, à l'envoyé de Sardaigne, qui, au nom de son souverain, accéda à l'extension de la neutralité de la Savoie, décrétée par le traité de Paris, auquel son maître était resté étranger; il déclara en outre dans l'acte de remise, que son gouvernement était disposé à désenclaver le mandement de Jussy par un échange de territoires et aussi à reculer la ligne de ses douanes, cela pour satisfaire aux dispositions du protocole du 3 Novembre 1815.

Jusqu'ici la Confédération helvétique et la Sardaigne avaient traité avec les souverains alliés; un accord direct entre les deux puissances eut enfin lieu le 16 Mars 1816. De ce traité qui revient sur les conventions précédentes: limites, douanes, propriétés des communes, questions de transit, questions financières, questions religieuses, je ne veux retenir que deux points; l'un contenu dans l'article premier consacre le désenclavement du territoire de Jussy, que Genève achète par l'abandon d'une partie de la commune de Saint-Julien; le second est la disposition de l'article 7, par laquelle la Suisse reconnaît et accepte la neutralité de la Savoie du nord « comme une des conditions de

« la cession du territoire en faveur du canton de
« Genève. »

C'était donc en 1816, chose admise par tous, même
par la Confédération helvétique, que la neutralité de
la Savoie était un avantage, concédé par l'Europe à la
Sardaigne. Cette vérité, qui découle si clairement de
tous les documents, que nous venons d'examiner peut
être rendue plus évidente encore par la considération
suivante: s'il était vrai, que le nord de la Savoie eût
été neutralisé pour faciliter la défense de la Suisse,
cette protection n'aurait pu lui être utile qu'en cas
d'une attaque, soit de la part de la France, soit de la
part de la monarchie Sarde. Si la Suisse craignait une
invasion française, pourquoi n'a-t-elle pas fait neutraliser le Jura chez ses voisins, avec droit d'occupation
militaire en sa faveur? Pourquoi a·t-on laissé libre
le pays de Gex aux portes de Genève? La France que
l'on dit si redoutable en Savoie, sur le rive gauche
du Rhône, n'était-elle pas à craindre sur la rive
droite de ce fleuve? Supposons maintenant que
l'agression vienne de la Sardaigne, là encore on peut
se demander pourquoi cette puissance, si dangereuse
sur les bords du lac Léman, ne l'était plus sur la route
du Simplon, vérité en deçà des Alpes, erreur au delà.
Et puis dans cette seconde hypothèse, il faudrait
avouer que les plénipotentiaires de Vienne se seraient
montrés bien peu habiles et bien peu prévoyants en
permettant aux troupes sardes d'occuper la zône
neutre en temps de paix; comment en effet supposer,

que le roi de Sardaigne, qui ne craindrait pas d'atta-
quer la Suisse, de violer sa neutralité garantie par
l'Europe, hésiterait à méconnaitre cette neutralité
dans ses propres Etats, et avant tout acte de guerre
retirerait ses troupes du nord de la Savoie, pour per-
mettre aux Suisses de l'occuper. Il est bien évident,
que dans ces circonstances, le roi maintiendrait ses
troupes dans la région neutre d'où il pénètrerait sur le
territoire helvétique. Il faut donc reconnaître, que la
neutralité de la Savoie, telle qu'elle fut établie, ne
pouvait pas être utile à la Suisse; il faut donc admettre
que la Savoie du nord a été neutralisée en faveur de
la Sardaigne et en prévision d'une guerre entre cette
puissance et la France. C'est ce que tout le monde
comprit en 1815, et il faut arriver jusqu'à l'année
1859, alors qu'on commença à parler de l'annexion
de la Savoie à l'empire français, pour voir apparaître
la thèse nouvelle qui prétend que la Savoie a été neutralisée pour assurer la protection de la Suisse et
partant que toute cession de cette province, modifiant
la situation établie par les traités, ne pouvait être
réalisée sans l'assentiment de la Confédération helvétique. Les autorités fédérales firent valoir ces prétentions, auprès des puissances signataires des actes de
1815; mais le traité de Turin du 24 Mars 1860, ayant
respecté l'état des choses existant, puisqu'il était dit
dans son article 2, que le roi de Sardaigne ne pouvait transférer les parties neutralisées de la Savoie
« qu'aux conditions auxquelles il les possédait lui-

même », aucune des puissances à l'exception de l'Angleterre, ne crut devoir protester; aussi le gouvernement français, après le vote populaire des Savoisiens en faveur de l'annexion, put tranquillement et sans remords prendre possession des territoires cédés.

II.

Nous avons passé en revue tous les textes relatifs à la neutralité du nord de la Savoie, nous avons vu que cette neutralité avait été constituée en faveur de la Sardaigne et sur la demande de cette puissance; enfin nous savons que le traité du 24 Mars 1860 a mis la France au lieu et place de la Sardaigue pour tous ses droits et obligations concernant la Savoie. Nous pouvons dès lors examiner quelles sont les solutions à donner aux questions que nous avons posées au début de cette étude.

Première question. En temps de paix, quels sont, au point de vue militaire, les droits de la France dans la Savoie neutre?

Les traités, qui ont constitué la neutralité savoisienne reconnaissent tous, que les troupes sardes peuvent occuper la zone neutre en temps de paix, puisqu'ils déterminent le moment où leur retraite aura lieu et la route par laquelle elle pourra s'opérer. En fait, ce droit a toujours été admis puisque depuis 1816 les rois de Sardaigne ont constamment tenu garnison à Annecy. Est-il besoin d'ajouter que le droit de tenir garnison emporte celui d'exercer les soldats en leur faisant exécuter des manœuvres.

Deuxième question. En temps de guerre, dans quelle mesure les droits de la France dans les provinces neutralisées ont-ils été restreints par les traités?

La réponse à cette seconde question est écrite dans le traité du 20 Mai 1815 dans un passage de son article 8, que j'ai déjà eu l'occasion de citer: « Toutes « les fois que les puissances voisines de la Suisse se « trouveront en état d'hostilités ouvertes ou imminen- « tes, les troupes de S. M. le roi de Sardaigne, qui « pourraient se trouver dans ces provinces, se retire- « ront et pourront à cet effet passer par le Valais, si « cela devient nécessaire; aucunes autres troupes « armées d'aucune autre puissance ne pourront tra- « verser, ni stationner dans les provinces et terri- « toires susdits, sauf celles que la Confédération suisse « jugerait à propos d'y placer; bien entendu, que cet « état de choses ne gêne en rien l'administration de « ces pays, où les agents civils de S. M. le roi de Sar- « daigne pourront aussi employer la garde munici- « pale pour le maintien du bon ordre. » L'article 92 de l'acte final du congrès de Vienne répète la même chose, et l'article 3 du traité de paix du 20 Novembre 1815 étend ces dispositions à tout le territoire au nord d'une ligne à tirer d'Ugine au lac de Bourget et au Rhône.

Tout d'abord on peut trouver bizarre, que la Sardaigne dût évacuer la Savoie du nord, dès que deux voisins de la Suisse étaient sur le point d'en venir aux mains, alors que le roi de Sardaigne n'était pas l'un des belligérants; cette précaution exagérée a sans doute été motivée par le souvenir des dernières années, où les luttes tendaient à prendre un caractère général. Quoiqu'il en soit, les textes sont précis; dès que les hostilités seraient imminentes entre des voisins de la Suisse, les troupes sardes devaient être retirées du territoire neutre, la Confédération pouvait le demander, mais le gouvernement de Turin devait le faire sans attendre cette réclamation.

Je ne crois pas, que cette retraite fut une simple faculté pour la Sardaigne ainsi qu'on l'a prétendu en s'appuyant sur le mot « pourra », employé par le marquis de Saint-Marsan dans son mémoire, qui a été joint au protocole du 29 Mars et auquel renvoient la déclaration du 20 Novembre 1815 et le traité de Turin du 16 Mars 1816. Le texte, qui doit faire loi, est l'article 8 du traité de Vienne du 20 Mai, qui présente l'évacuation en temps de guerre comme obligatoire. Il ne me semble pas admissible que la Sardaigne, engagée dans une guerre, put placer des troupes dans la Savoie du nord, sous prétexte d'en protéger la neutralité, troupes qui auraient pu, à un moment donné, quitter le territoire, inviolable et venir faire une diversion fort préjudiciable à l'ennemi. La présence de soldats sardes dans la zone neutre devait être une invitation ou même un prétexte à violer cette neutralité; l'Europe eût été ainsi inutilement exposée à réaliser sa promesse de garantie.

Je me hâte d'ajouter, que la neutralité soit volontaire, soit conventionnelle, d'une région, ne peut être respectée d'un belligérant qu'à la condition de n'être pas méconnue par les puissances avec lesquelles il est en guerre, autrement son respect du droit deviendrait pour lui un danger.

Il résulte de là, que dès qu'une armée ennemie pénétrerait dans la Savoie du nord, la France aurait le droit de rentrer dans les provinces précédement évacuées pour en faire respecter la neutralité et veiller à sa propre défense.

Troisième question. Le gouvernement français a-t-il le droit d'élever des fortifications sur le terrain neutralisé?

Un Etat est d'autant plus certain de voir sa neutralité respectée, qu'il est mieux en situation d'imposer ce respect; aussi les Etats neutres n'ont-ils pas manqué de corroborer les garanties des traités par une bonne organisation militaire et la construction de forteresses. Le roi de Sardaigne en demandant pour une partie de ses Etats la faveur d'une déclaration de neutralité ne doit pas avoir entendu abdiquer les moyens de la faire respecter. Il n'est donc pas étonnant que le gouvernement français ait eu un jour l'idée d'élever des fortifications dans le nord de la Savoie qu'il peut être appelé à défendre dans le cas où il serait envahi par une autre puissance; qu'on n'oublie pas en effet, que la route du Simplon n'est protégée par aucun ouvrage moderne, le Valais et la France sont ouverts aux Italiens; des fortifications dans le nord de la Savoie ne pourraient donc qu'assurer le respect des traités de 1815.

Cette considération suffirait à elle seule pour établir le droit pour le France de préparer les moyens de protéger la Savoie; mais le droit d'élever des fortifications dans le zone neutre devient indiscutable en présence de l'article 6 du traité du 20 Mai 1815, qui a reservé sans restriction au roi de Sardaigne le droit de fortifier tel point de ses Etats qu'il jugera convenable, réserve répétée dans les mêmes termes, par l'article 90 de l'acte final du congrès de Vienne.

A ces preuves si fortes, on a objecté qu'il serait étrange, d'avoir le droit de construire des remparts, qu'on devrait abandonner dès qu'une guerre commencerait. Il est facile de répondre à cet argument, que les remparts en question pourraient être utiles aux troupes suisses qui viendraient occuper la Savoie, et aussi aux soldats français qui remplaceraient ou soutiendraient les troupes de la Confédération dans le cas où la neutralité du nord de la Savoie serait méconnue.